Autodéfense Psychologique

Dissiper les Pensées Négatives et Libérer Votre Esprit

Par

Alex Durant

Table des matières :

positivité : Vous avez le pouvoir

AVANT-PROPOS

Bienvenue dans "Autodéfense Psychologique : Dissiper les Pensées Négatives et Libérer Votre Esprit." Ce livre est conçu pour vous aider à prendre le contrôle de votre esprit, à éliminer les énergies négatives et à cultiver la positivité dans votre vie. Dans un monde où les défis et les pressions peuvent parfois sembler accablants, il est essentiel de développer une autodéfense psychologique solide pour maintenir votre bien-être mental.

Les pensées négatives peuvent être insidieuses, sapant votre confiance en vous, créant du stress et affectant votre qualité de vie. Ce livre vous guidera à travers un voyage de découverte personnelle, en vous aidant à reconnaître les pensées négatives, à comprendre leur impact sur votre quotidien, et à acquérir des outils et des techniques pour les dissiper.

L'autodéfense psychologique n'est pas une solution miraculeuse, mais plutôt un ensemble de compétences que vous pouvez développer et renforcer au fil du temps. Vous découvrirez comment utiliser la méditation, la visualisation, les affirmations positives et d'autres méthodes pour contrer les pensées négatives. Vous apprendrez également à gérer vos émotions, à renforcer votre confiance en vous et à créer un environnement propice à la positivité.

Votre voyage vers une vie plus épanouissante commence ici. En suivant les conseils et les stratégies proposés dans ce livre, vous serez mieux armé pour affronter les pensées négatives, pour cultiver un esprit positif et pour vivre une vie qui reflète votre plein potentiel.

Prêt à entreprendre ce voyage de transformation personnelle ? Commençons !

Chapitre 1 : Introduction

Au commencement de ce voyage vers une meilleure autodéfense psychologique, il est essentiel de bien comprendre les fondements de ce que nous allons explorer dans ce livre. Cette introduction a pour but de vous préparer à ce que vous allez découvrir dans les prochains chapitres et de vous expliquer pourquoi il est si important de développer ces compétences essentielles pour votre bien-être mental.

Présentation du livre : Explorez les outils de transformation personnelle

L'autodéfense psychologique est un concept puissant, un ensemble de compétences mentales que vous pouvez développer pour contrer les pensées négatives et favoriser la positivité. Dans les pages qui suivent, nous allons explorer ces compétences en profondeur et vous fournir des outils concrets pour les mettre en pratique.

Ce livre est structuré de manière à vous guider étape par étape dans ce processus de transformation personnelle. Vous découvrirez des techniques de gestion des pensées négatives, des stratégies pour renforcer votre estime de soi, des méthodes pour gérer vos émotions et bien plus encore. Vous apprendrez comment créer un environnement propice à la positivité et comment maintenir cette attitude sur le long terme.

L'importance de l'autodéfense psychologique : Prenez soin de votre bien-être mental

Pourquoi est-il si crucial de développer des compétences en autodéfense psychologique ? Parce que votre bien-être mental est au cœur de votre qualité de vie. Si vous ne prenez pas soin de votre esprit, les pensées négatives peuvent s'installer, créant un effet domino qui peut affecter votre santé physique, vos relations, votre carrière et vos aspirations personnelles.

En apprenant à dissiper les pensées négatives, vous créez un rempart contre le stress, la dépression, l'anxiété, et d'autres problèmes de santé mentale. Vous développez également une plus grande résilience face aux défis de la vie. L'autodéfense psychologique vous donne les moyens de garder le contrôle de votre esprit et de ne pas vous laisser submerger par les Influences négatives qui vous entourent.

Comprendre les pensées négatives : Identifiez l'ennemi

Pour lutter efficacement contre les pensées négatives, il est essentiel de comprendre ce que vous combattez. Les pensées négatives sont ces idées destructrices qui surgissent dans votre esprit, semant le doute, la peur, l'insécurité, et la dévalorisation de vous-même. Elles peuvent prendre de nombreuses formes, comme le perfectionnisme excessif, la rumination, la culpabilité, ou l'autocritique constante.

Reconnaître ces pensées négatives est la première étape pour les dissiper. Au fil des prochains chapitres, nous explorerons en détail comment les identifier, comprendre leur origine, et les remplacer par des pensées plus positives et constructives.

En somme, ce livre est un guide pratique pour vous aider à développer une autodéfense psychologique solide. En reconnaissant les pensées négatives, en comprenant leur impact sur votre vie et en utilisant des techniques spécifiques pour les contrer, vous pouvez libérer votre esprit et construire une vie plus positive et épanouissante. Il est temps de passer à l'action et de vous engager pleinement dans ce voyage de transformation personnelle.

Chapitre 2 : Reconnaissance des Pensées Négatives

Vous êtes sur le point de commencer un voyage vers une autodéfense psychologique efficace. Dans ce chapitre, nous allons plonger dans le cœur des pensées négatives, les identifier, les classer et comprendre leur impact sur votre vie. En reconnaissant ces pensées pour ce qu'elles sont, vous serez mieux armé pour les contrer de manière proactive et libérer votre esprit de leur emprise.

Identifiez les pensées négatives : Agissez maintenant

Prenez un moment pour vous asseoir dans un endroit calme, respirez profondément, et concentrez-vous sur vos pensées. Observez attentivement celles qui sont teintées de négativité. Vous pourriez remarquer des pensées d'autodépréciation, des doutes, des soucis constants, ou des jugements sévères envers vous-même ou les autres. Prenez un cahier ou un journal, et notez ces pensées dès qu'elles surgissent. L'acte d'écrire les rendra plus tangibles et plus faciles à reconnaître.

Classez les différentes pensées : Ciblez vos domaines de travail

Une fois que vous avez noté un certain nombre de pensées négatives, prenez le temps de les classer en différentes catégories. Par exemple, vous pourriez les diviser en pensées liées à l'estime de soi, aux relations, à la peur de l'échec, ou à d'autres domaines qui vous concernent personnellement. Cette classification vous aidera à cibler les aspects spécifiques de votre vie sur lesquels vous devez concentrer vos efforts d'autodéfense psychologique.

Observez leur impact : Mesurez les conséquences

Les pensées négatives ne sont pas simplement des pensées en l'air ; elles ont un impact profond sur votre humeur, votre comportement et votre qualité de vie. Soyez attentif à la manière dont ces pensées affectent votre vie quotidienne. Comment vous sentez-vous lorsque vous les laissez prendre le dessus ? Comment réagissez-vous face à des défis ou des opportunités lorsque ces pensées sont présentes ? Prenez des notes pour mieux comprendre comment les pensées négatives interfèrent avec votre bonheur et votre réussite.

En reconnaissant les pensées négatives, en les classant, et en mesurant leur impact, vous avez réalisé la première étape essentielle de votre autodéfense psychologique. Vous êtes maintenant prêt à passer aux chapitres suivants, où nous explorerons des stratégies concrètes pour contrer ces pensées négatives et les remplacer par des pensées positives et constructives. Le pouvoir est entre vos mains, et vous êtes sur la voie de la transformation personnelle.

Chapitre 3 : Les Fondements de l'Autodéfense Psychologique

Bienvenue au cœur de votre formation à l'autodéfense psychologique. Dans ce chapitre, nous allons plonger dans les fondements essentiels qui sous-tendent cette pratique. En comprenant comment fonctionne votre esprit, en découvrant la puissance de la pensée positive, et en réalisant comment l'autodéfense psychologique peut être un outil de transformation, vous serez mieux préparé à mettre en œuvre ces concepts dans votre vie quotidienne.

Comprendre le fonctionnement de l'esprit : Agissez avec connaissance

Prenez un moment pour réfléchir à votre propre esprit. Comment fonctionne-t-il ? Comment réagit-il aux pensées et aux émotions ? Votre esprit est comme un ordinateur complexe, traitant constamment des informations, des pensées, et des émotions. En comprenant ces processus internes, vous pouvez mieux saisir pourquoi les pensées négatives émergent et comment vous pouvez les contrôler.

Lorsque vous reconnaissez que votre esprit peut être influencé et changé, vous ouvrez la porte à la transformation personnelle. Soyez curieux et engagez-vous à comprendre les mécanismes internes de votre propre esprit.

La puissance de la pensée positive : Expérimentez le changement

La pensée positive n'est pas simplement une expression populaire, c'est une force puissante qui peut transformer votre vie. La pensée positive vous permet de voir le verre à moitié plein plutôt qu'à moitié vide, de cultiver l'optimisme, et de tirer le meilleur parti de chaque situation.

Pratiquez la pensée positive dès maintenant. Lorsque des pensées négatives émergent, arrêtez-vous, remplacez-les par des pensées positives, et observez comment cela affecte votre état d'esprit. La pensée positive est une compétence qui peut être renforcée avec la pratique régulière, et elle est un pilier de l'autodéfense psychologique.

L'autodéfense psychologique comme outil de transformation : Prenez le contrôle de votre vie

L'autodéfense psychologique n'est pas seulement une stratégie défensive contre les pensées négatives, c'est aussi un outil de transformation personnelle puissant. En développant ces compétences, vous pouvez façonner délibérément votre manière de penser, de ressentir, et d'agir.

Comprenez que vous avez le pouvoir de remodeler votre esprit et votre vie.

L'autodéfense psychologique vous donne les moyens de vous épanouir, de développer une confiance en vous inébranlable, et de vivre de manière plus positive et épanouissante.

En intégrant ces fondements dans votre compréhension de l'autodéfense psychologique, vous êtes sur la voie de la transformation personnelle. Dans les chapitres à venir, nous explorerons des techniques concrètes pour mettre ces principes en pratique et libérer votre esprit des pensées négatives. Vous êtes prêt à effectuer un changement positif dans votre vie.

Chapitre 4 : Techniques de Gestion des Pensées Négatives

Nous voici maintenant au cœur des stratégies pratiques pour gérer et dissiper les pensées négatives. Dans ce chapitre, nous allons explorer des techniques concrètes que vous pouvez utiliser au quotidien pour apaiser votre esprit, calmer les pensées négatives, et prendre le contrôle de votre vie intérieure.

La méditation pour apaiser l'esprit : Commencez maintenant

La méditation est une pratique éprouvée pour apaiser l'esprit et réduire le stress. Vous n'avez pas besoin d'être un expert pour en bénéficier. Commencez simplement en vous asseyant confortablement, en fermant les yeux, et en vous concentrant sur votre respiration. Laissez les pensées négatives s'apaiser et découvrez comment la méditation peut vous aider à cultiver la paix intérieure.

Prenez quelques minutes chaque jour pour méditer. Plus vous le ferez, plus vous renforcerez votre capacité à calmer votre esprit et à gérer les pensées négatives.

La respiration consciente pour calmer les pensées : Pratiquez l'instant présent

Votre respiration est un outil puissant pour calmer les pensées négatives. En vous concentrant sur votre respiration, vous revenez à l'instant présent, éloignant les préoccupations du passé et du futur. Pratiquez la respiration consciente en prenant de profondes inspirations et expirations. Laissez chaque souffle vous détendre et éclaircir votre esprit.

Lorsque les pensées négatives surgissent, revenez à votre respiration. Cette technique simple peut vous aider à rester ancré dans le moment présent et à réduire l'emprise des pensées négatives.

L'importance de l'auto-observation : Soyez vigilant

L'auto-observation est une compétence clé de l'autodéfense psychologique. Prenez l'habitude d'observer vos pensées et vos émotions. Quand les pensées négatives se présentent, notez-les, sans jugement. Identifiez les schémas de pensées récurrents et les déclencheurs émotionnels.

En devenant un observateur de votre propre esprit, vous pouvez mieux comprendre les origines des pensées négatives et travailler à les changer. L'auto-observation est une compétence qui s'affine avec la pratique.

Mettez en pratique ces techniques dès maintenant. La méditation, la respiration consciente et l'auto-observation sont des outils puissants pour gérer les pensées négatives et cultiver un esprit plus calme et plus positif. Vous êtes prêt à faire un pas de plus vers la transformation personnelle.

Chapitre 5 : La Visualisation Positive

Dans ce chapitre, nous allons explorer la puissance de la visualisation positive pour contrer les pensées négatives. Vous découvrirez comment créer un espace mental positif et comment utiliser des techniques de visualisation guidée pour transformer votre dialogue intérieur et favoriser la positivité.

Utiliser la visualisation pour contrer les pensées négatives : Pratiquez régulièrement

La visualisation consiste à imaginer des scènes, des situations et des résultats positifs. Quand des pensées négatives surgissent, remplacez-les immédiatement par une visualisation positive. Imaginez-vous en train de réussir, d'être confiant, et de surmonter les obstacles. La visualisation vous aide à reprogrammer votre esprit et à attirer des énergies positives.

Pratiquez la visualisation régulièrement. Plus vous le ferez, plus votre esprit intégrera ces pensées positives, ce qui renforcera votre autodéfense psychologique contre les pensées négatives.

Créer un espace mental positif : Visualisez votre sanctuaire intérieur

Imaginez un lieu sûr et paisible dans votre esprit, un sanctuaire où vous vous sentez en sécurité et serein. Créez cet espace mental positif, puis, lorsque les pensées négatives surgissent, ramenez-vous mentalement à cet endroit. Visualisez-vous en train de vous détendre, de recharger vos énergies positives et d'apaiser votre esprit.

Votre espace mental positif est un outil puissant pour vous éloigner des pensées négatives et maintenir votre bien-être intérieur.

Techniques de visualisation guidée : Suivez des scénarios positifs

Les visualisations guidées sont des scénarios positifs préparés que vous pouvez suivre. Ils vous emmènent à travers des situations positives, renforçant ainsi votre mental et votre attitude. Vous pouvez trouver des enregistrements audio ou des scripts de visualisation guidée pour différents aspects de votre vie, tels que la confiance en vous, la gestion du stress, ou la réussite professionnelle.

Pratiquez la visualisation guidée régulièrement. C'est une méthode efficace pour contrer les pensées négatives et améliorer votre bien-être global.

Maintenant, commencez à utiliser la visualisation positive pour contrer les pensées négatives. Créez un espace mental positif, imaginez des scénarios de réussite et explorez des techniques de visualisation guidée pour renforcer votre autodéfense psychologique. Vous êtes sur la voie de la transformation personnelle.

Chapitre 6 : Affirmations et Mantras

Ce chapitre se penche sur les affirmations et les mantras, des outils puissants pour contrer les pensées négatives. Vous découvrirez le pouvoir des affirmations positives, comment créer des mantras pour renforcer votre autodéfense psychologique, et comment les intégrer de manière significative dans votre quotidien.

Le pouvoir des affirmations positives : Employez-les consciemment

Les affirmations sont des déclarations positives que vous vous répétez régulièrement pour influencer votre esprit. Lorsque des pensées négatives surgissent, utilisez des affirmations positives pour les contrer. Par exemple, si vous avez des doutes sur vos compétences, répétez "Je suis compétent et capable" de manière régulière.

Employez des affirmations de manière consciente. Choisissez celles qui sont pertinentes pour vos besoins et répétez-les régulièrement pour renforcer votre estime de soi et votre positivité.

Créer des mantras pour renforcer l'autodéfense psychologique : Personnalisez vos outils

Les mantras sont des phrases ou des mots courts qui ont un pouvoir symbolique et significatif. Créez vos propres mantras en fonction de ce dont vous avez besoin. Par exemple, "Je suis en contrôle" ou "La positivité m'entoure" peuvent être des mantras efficaces.

Personnalisez vos mantras pour les rendre spécifiques à vos besoins et à vos objectifs. Les mantras vous rappellent de rester concentré sur la positivité, même lorsque des pensées négatives surgissent.

Intégrer les affirmations dans votre quotidien : Répétez-les avec régularité

Pour que les affirmations aient un impact, répétez-les régulièrement. Vous pouvez les dire à voix haute ou les écrire plusieurs fois par jour. Utilisez-les comme un rappel constant de votre potentiel et de votre force intérieure.

Intégrez les affirmations dans votre routine quotidienne. Créez des signaux ou des rappels pour vous aider à les répéter régulièrement, que ce soit au réveil, avant de vous coucher, ou lors de moments stressants.

En utilisant les affirmations et les mantras de manière délibérée, vous renforcerez votre autodéfense psychologique contre les pensées négatives. Créez des déclarations positives, personnalisez vos mantras, et répétez-les avec régularité pour cultiver un esprit positif et fort. Vous êtes prêt à avancer vers une transformation personnelle positive.

Chapitre 7 : L'Impact de l'Environnement

Ce chapitre explore comment l'environnement influence nos pensées, et comment vous pouvez utiliser votre environnement pour renforcer votre autodéfense psychologique. Vous découvrirez comment créer un espace positif chez vous et au travail, ainsi que des stratégies pour gérer les influences extérieures qui peuvent affecter vos pensées.

L'influence de l'environnement sur les pensées : Soyez conscient

L'environnement dans lequel vous évoluez a un impact significatif sur votre état d'esprit. Si vous êtes entouré de désordre, de négativité ou de stress, il est probable que cela affecte vos pensées. Soyez conscient de l'influence de votre environnement sur votre mental.

Prenez le temps de réfléchir à votre environnement quotidien, que ce soit à la maison ou au travail. Identifiez les éléments qui contribuent aux pensées négatives et cherchez des moyens de les modifier pour favoriser la positivité.

Créer un espace positif chez vous et au travail : Agissez consciemment

Votre maison et votre lieu de travail sont des endroits où vous passez beaucoup de temps. Créez des espaces positifs en les organisant de manière à favoriser la positivité et la sérénité. Débarrassez-vous du désordre, ajoutez des éléments inspirants, et utilisez des couleurs apaisantes.

Lorsque vous créez un environnement positif, vous renforcez votre autodéfense psychologique en fournissant à votre esprit un espace qui reflète la positivité et le bien-être.

Gérer les influences extérieures : Protégez votre mental

Les influences extérieures, comme les médias, les personnes négatives, ou les situations stressantes, peuvent avoir un impact sur votre mental. Apprenez à gérer ces influences en décidant consciemment ce que vous laissez entrer dans votre esprit.

Limitez votre exposition aux sources de négativité, et entourez-vous de personnes positives qui vous soutiennent. Prenez des pauses numériques pour protéger votre bien-être mental.

En comprenant comment l'environnement affecte vos pensées, en créant des espaces positifs chez vous et au travail, et en gérant les influences extérieures, vous renforcerez votre autodéfense psychologique contre les pensées négatives. Vous êtes prêt à façonner votre environnement pour favoriser une attitude mentale positive.

Chapitre 8 : La Gestion des Émotions

Ce chapitre se penche sur la gestion des émotions liées aux pensées négatives. Vous découvrirez comment comprendre et gérer ces émotions, en utilisant des techniques de gestion émotionnelle et en explorant l'importance de l'acceptation.

Comprendre les émotions liées aux pensées négatives : Soyez à l'écoute

Les pensées négatives sont souvent accompagnées d'émotions puissantes, telles que la tristesse, la colère, la peur, ou la frustration. Prenez le temps d'identifier les émotions qui surgissent lorsque des pensées négatives vous envahissent.

Soyez à l'écoute de ces émotions. Comprenez qu'elles sont une réaction naturelle à vos pensées, mais elles ne vous définissent pas. En les reconnaissant, vous pouvez mieux les gérer.

Techniques de gestion émotionnelle : Appliquez-les activement

La gestion émotionnelle est un ensemble de techniques pour gérer les émotions de manière saine et constructive. Pratiquez des techniques telles que la respiration profonde, la méditation, l'expression émotionnelle, ou la relaxation musculaire progressive pour calmer les émotions liées aux pensées négatives.

Lorsque les émotions deviennent intenses, prenez un moment pour appliquer ces techniques. Elles vous aident à retrouver votre calme et à réduire l'impact des émotions sur vos pensées.

L'importance de l'acceptation : Libérez-vous de la lutte intérieure

L'acceptation est une compétence clé pour gérer les émotions liées aux pensées négatives. Plutôt que de lutter contre ces émotions, acceptez-les. Comprenez qu'elles sont temporaires et ne définissent pas qui vous êtes.

En pratiquant l'acceptation, vous libérez de l'énergie qui était autrefois dépensée à lutter contre les émotions. Cela vous permet de vous concentrer sur des solutions et de réduire l'emprise des pensées négatives.

En comprenant les émotions liées aux pensées négatives, en utilisant des techniques de gestion émotionnelle, et en pratiquant l'acceptation, vous renforcez votre autodéfense psychologique. Vous êtes prêt à gérer vos émotions de manière constructive et à cultiver un esprit positif.

Chapitre 9 : Renforcer la Confiance en Soi

Dans ce chapitre, nous allons explorer comment renforcer la confiance en soi en travaillant sur l'estime de soi, en développant la confiance en vos capacités, et en combattant les pensées d'autodépréciation.

Travailler sur l'estime de soi : Commencez par l'amour de soi

L'estime de soi est la base de la confiance en soi. Apprenez à vous aimer, à accepter vos imperfections et à reconnaître vos qualités. Faites une liste de vos réalisations passées et de vos compétences. Utilisez des affirmations positives pour renforcer votre estime de soi. Plus vous vous aimez et vous acceptez, plus vous serez confiant.

Développer la confiance en vos capacités : Agissez et apprenez

La confiance en soi découle de l'expérience. Prenez des mesures pour développer vos compétences et vos connaissances. Fixez-vous des objectifs réalistes et accomplissez-les. Chaque succès renforce votre confiance en vos capacités.

N'ayez pas peur de l'échec, car il est souvent le meilleur enseignant. Apprenez de vos erreurs et utilisez-les pour grandir.

Combattre les pensées d'autodépréciation : Remplacez-les par des pensées positives

Les pensées d'autodépréciation sont l'ennemi de la confiance en soi. Chaque fois que vous avez une pensée négative sur vous-même, arrêtez-vous et remplacez-la par une pensée positive. Au lieu de dire "Je ne suis pas capable," dites "Je peux apprendre et m'améliorer." Ces pensées positives renforcent votre confiance en vous.

Travaillez activement sur l'estime de soi, développez la confiance en vos capacités, et combattez les pensées d'autodépréciation. Vous renforcerez considérablement votre confiance en vous et votre autodéfense psychologique contre les pensées négatives. Vous êtes prêt à devenir une version plus confiante et positive de vous-même.

Chapitre 10 : Le Chemin vers la Positivité Durable

Dans ce dernier chapitre, nous allons explorer comment établir des objectifs de croissance personnelle, maintenir une attitude positive à long terme, et éviter les rechutes dans les pensées négatives.

Établir des objectifs de croissance personnelle : Soyez visionnaire

La croissance personnelle est un processus continu. Établissez des objectifs qui vous poussent à vous améliorer constamment. Que souhaitez-vous accomplir dans votre vie ? Quels sont vos rêves et vos aspirations ? Établissez des objectifs clairs et réalisables pour vous guider vers la positivité durable.

Maintenir une attitude positive à long terme : Soyez persévérant

La positivité durable nécessite de la persévérance. Continuez à pratiquer les techniques que vous avez apprises dans ce livre. Ne vous laissez pas décourager par les rechutes occasionnelles dans les pensées négatives. Rappelez-vous que la négativité est normale, mais vous avez les outils pour la contrer.

Éviter les rechutes dans les pensées négatives : Restez vigilant

Les rechutes peuvent survenir, mais elles ne doivent pas vous décourager. Restez vigilant. Dès que vous identifiez des pensées négatives, agissez pour les contrer. Utilisez les techniques de gestion des pensées, de la visualisation positive, des affirmations et des autres compétences que vous avez apprises.

La positivité durable est une quête constante. Continuez à travailler sur vous-même, à maintenir une attitude positive, et à utiliser les outils de l'autodéfense psychologique. Vous avez le pouvoir de transformer votre vie et de vivre de manière plus positive. Votre voyage vers une positivité durable commence maintenant.

Chapitre 11 : Conclusion

Félicitations pour avoir parcouru ce voyage vers l'autodéfense psychologique et la dissipation des pensées négatives. Dans cette conclusion, nous allons récapituler les principales idées que vous avez explorées, vous encourager à pratiquer régulièrement l'autodéfense psychologique, et vous rappeler l'impact positif que la positivité peut avoir sur votre vie.

Les principales idées : Ce que vous avez appris

Au cours de ce livre, vous avez exploré de nombreuses idées et techniques pour contrer les pensées négatives. Vous avez appris à reconnaître et classifier les pensées négatives, à utiliser des outils tels que la visualisation, les affirmations, et la gestion émotionnelle pour les contrer, et à travailler sur votre estime de soi et votre confiance en vous. Vous avez également découvert comment créer un environnement propice à la positivité et comment maintenir une attitude positive à long terme.

Pratiquer régulièrement l'autodéfense psychologique : La constance est la clé

L'autodéfense psychologique n'est pas une compétence que vous maîtrisez du jour au lendemain. C'est un processus continu. Nous vous encourageons à pratiquer régulièrement les techniques que vous avez apprises. Plus vous les utiliserez, plus elles deviendront des habitudes et renforceront votre positivité durable.

La transformation de votre vie grâce à la positivité : Vous avez le pouvoir

Rappelez-vous que la positivité a le pouvoir de transformer votre vie. En utilisant l'autodéfense psychologique, vous pouvez contrer les pensées négatives, renforcer votre confiance en vous, et cultiver une attitude positive. Vous avez le pouvoir de façonner votre réalité, de surmonter les obstacles, et de vivre une vie épanouissante.

Votre voyage vers la positivité et la transformation personnelle commence maintenant. Soyez persévérant, pratiquez régulièrement, et ne sous-estimez jamais le pouvoir de votre propre esprit. Vous êtes sur la voie d'une vie plus positive, confiante et épanouissante. Bonne continuation !